DEUXIÈME LETTRE

SUR LES ORDONNANCES

DES 29 JUILLET ET 15 SEPTEMBRE 1817,

ET SUR LES RÉCLAMATIONS DES ADMINISTRATEURS MILITAIRES EN DEMI-SOLDE.

« Les effets de l'arbitraire, Messieurs, survivent à son
« existence; il laisse dans l'esprit des peuples une
« secrète terreur, qui leur fait chercher avec avidité
« des garantis contre son retour; et la nécessité de
« les rassurer est d'autant plus grande, que leurs
« craintes sont plus vives. »

Ministre de la guerre, séance du 26 janvier 1818.

A PARIS,

Chez { Brissot-Thivars, à la librairie constitutionnelle, rue Neuve-des-Petits-Champs, n° 22.
Delaunay, L'Advocat, } libraires, au Palais-Royal.

1819.

DE L'IMPRIMERIE DE P.-F. DUPONT,
HÔTEL DES FERMES, RUE DE GRENELLE-SAINT HONORÉ.

DEUXIÈME LETTRE

Sur les Ordonnances des 29 juillet et 15 Septembre 1817, et sur les Réclamations des Administrateurs militaires en demi-solde.

Vous triomphez, mon ami; toutes mes réflexions en faveur du Ministre de la guerre sont des bulles de savon; toutes ses réponses favorables sont des *on dit;* et comme chacun sait, *on est un menteur.* Après beaucoup de raisonnements de cette force, vous m'opposez, comme pièce concluante et sans réplique, une décision que j'ignorais en effet; décision *pudibonde*, qui paraît n'avoir pu soutenir l'éclat du Bulletin des lois; décision qui, rendue, *dites-vous*, sur le rapport du Ministre, est, *à n'en pas douter*, un témoignage authentique de sa bienveillance pour le *corps nouveau*, une preuve *sans réplique* de sa volonté ferme de maintenir les ordonnances.

Comme vous ne m'aviez que cité cette décision, j'ai eu quelque peine à la rencontrer.

Enfin, j'ai pensé au *Journal Officiel*, nouvellement imposé à tout ce qui agit administrativement, à tout ce qui a des relations directes, ou indirectes avec les *membres nouveaux*. Je l'ai feuilleté laborieusement, et enfin j'ai trouvé, septembre, n°. 2, page 262 :

Décision royale du 16 septembre 1818, sur le classement des Sous-Intendants militaires et Adjoints.

» Sur le rapport du ministre secrétaire d'état
» au département de la guerre, *le Roi* a décidé,
» le 16 septembre 1818, que le classement des
» sous-intendants militaires et adjoints, tel qu'il
» avait été provisoirement établi par l'ordon-
» nance du 15 septembre 1817, sera définitif,
» et que *l'ancienneté de chaque sous-intendant*
» *et adjoint sera déterminée d'après le rang*
» *qu'il occupe maintenant dans la classe où il*
» *se trouve*. L'insertion au *Journal Officiel*
» tiendra lieu de publication (1). »

---

(1) Voici ce que pensait en 1817 l'auteur du livre *De la Constitution de l'administration militaire en France*, IVe chap. liv. 1er; sur le mérite des administrateurs qui depuis 25 ou 30 ans exerçaient la magistrature militaire aux armées ou dans l'intérieur :

« L'administration militaire est peu comprise. On dit

Voilà, mon ami, un vrai tour d'alchimiste; c'est la transmutation des métaux; heureusement elle n'a plus de partisans.

De bonne foi, pourriez-vous croire que la pièce ait réellement passé au creuset sans escamotage; qu'il n'y ait pas, dans le fait, sur un acte de cette importance, une de ces signatures

---

» quelquefois que c'est un art dans son enfance; je le crois
» dans sa caducité. C'est une histoire à faire, une science
» à recommencer : les yeux sont ouverts sans être encore
» déssillés. Il faut qu'ils apprennent à voir. »

D'après ces principes fallait-il tant de précautions pour écraser de pareils idiots : il leur reste cependant encore assez de bon sens pour admirer avec quelle supériorité de talent la quatrième direction *recommence la science de l'administration :* avec quelle force d'intelligence *elle la comprend*, combien elle se complaît à rajeunir *l'art caduc* : son tendre empressement à nous ramener au temps heureux des Borgia, aux beaux jours de l'administration italienne. Clandestinité dans les choix, illégalité dans les moyens, inconstitutionnalité dans les mesures, *arbitraire mobile* dans l'exécution, règlements d'exception, promesse fallacieuse, coups d'état; car la décision du 16 septembre en a tous les caractères.

Mais le livre l'avait dit : l'on frappait *des aveugles ou à peu près.* Cependant les contusions, les blessures leur ont enfin dessillé *les yeux.* Ils ont douloureusement *appris à voir,* et ils osent enfin se mettre en défense.

bannales qu'un ministre donne couramment pour les affaires de simple expédition, une signature d'ordre ?

Tout concourt à le persuader. En refusant l'insertion au Bulletin des lois, on aura voulu d'abord soustraire *aux intéressés*, un acte qui devait nécessairement exciter les plus vives réclamations (1); c'est un reste du péché favori : la clandestinité !

Au reste, ce chapitre est curieux, je vous engage à le relire. Vous y verrez comme quoi l'on peut *être dans l'enfance ou dans la caducité; et toucher à son point de développement amené par des degrés imperceptibles*, et autres choses aussi instructives que surprenantes. Il est fâcheux seulement que l'édition soit épuisée, comme l'assure le journal militaire, partie non officielle.

Ne perdez pas de vue la rare perspicacité avec laquelle on pénètre dans les intentions du gouvernement représentatif; avec quel soin diligent on couve la responsabilité ministérielle. C'est derrière l'égide de l'inviolabilité royale, que l'on place le ministre pour assurer les petits intérêts de quelques individus. C'est bien la Charte en 1815.

(1) Les intéressés ne peuvent être que les administrateurs en dehors du cadre d'activité; les autres sont, en général, *scabellum pedum tuorum*.

J'ai entendu parmi les hommes les plus méritants du corps de l'intendance des discours tellement étranges que l'on aurait peine à y croire. « Je sens tout ce qu'il y

Quelle que soit l'opinion que vous et les vôtres ayez, jusqu'à présent, cherché à répandre sur le pouvoir de *l'influence*, qui sait diriger le Ministre, personne ne croira qu'il ait pu penser à faire rétrograder l'ombre sur le cadran; qu'il ait eu l'idée de créer une ancienneté qui n'existe pas, d'anéantir une ancienneté qui existe.

Personne ne croira que le Ministre ait pu vouloir que M. S... n'ait pas servi vingt-cinq ans, parce que M. M......, qui ne sert que depuis quelques années, s'est placé sur la liste du 15 septembre, dans une classe supérieure.

Qui se persuadera que le Ministre ait pu vouloir que MM. T...., M...., ou tels autres, qui végétaient dans les langes de l'enfance ou la poussière de l'école, lorsque MM. St..., Ch....

» a d'odieux, de scandaleux dans leurs actes et dans leur
» conduite, disait l'un d'eux, mais je ne puis parler, ils
» ont tout pouvoir pour me nuire. »

Ainsi l'on déteste les principes, et la crainte comprime les élans des cœurs ulcérés. La vérité peut-elle alors arriver jusqu'au ministre? Non. Il faut donc que la publicité fasse un appel à sa justice.

On nous fait un crime d'employer cette ressource, après que l'on s'est arrangé de manière à ne pas nous en laisser d'autres. Nous le demandons à tout homme de bonne foi, n'est-ce pas le dernier trait de la perfidie?

exerçaient déjà la magistrature militaire, fussent devenus plus anciens que leurs devanciers, parce que le hasard ou la faveur, dirai-je l'intrigue, les ont inscrits les premiers dans une classe où ils n'auraient pas dû être impudemment confondus?

Enfin, qui pourrait avoir l'idée que le Ministre ait pu penser à mettre un acte authentique en contradiction avec sa nombreuse correspondance, avec ses discours publics, ses conversations, et se placer ainsi en opposition avec lui-même?

L'absurde répugne même à ceux qu'il favorise; ils ont besoin de quelque temps pour s'habituer avec lui.

Et le Ministre, environné d'une auréole d'actions glorieuses, et mieux encore, couvert de l'égide de faits nombreux, qui prouvent son amour pour la justice, sa persévérance dans ce qui est équitable et bon, son indépendance des événements, sa facilité à sacrifier ses intérêts particuliers, pour conserver ce type de caractère qui le classe à part, le Ministre aurait *sciemment* adopté un acte au moins ridicule, l'aurait *sciemment* présenté à la signature de Sa Majesté? Non!

Le Ministre aurait-il donc tout-à-coup oublié qu'il a dit? « Il s'agit de savoir s'il existe parmi

» nous deux armées, deux nations, dont l'une
» sera frappée d'anathême.

» L'ancienneté doit être respectée d'abord
» comme droit (1).

» C'est une faute grave que de laisser un
» nombre considérable de citoyens dans une
» position équivoque et difficile (2). »

A-t-il pu risquer de tels en jeux pour procurer un petit plaisir à MM. M...., T... autres *nouveaux venus*, comme Son Excellence les appelle (3).

Non ; mille fois non.

Si nul, sans un très-puissant intérêt, ne se détermine à une action équivoque, qui puisse éveiller le soupçon, comment se persuader que sans motif aucun, le Ministre ait jeté un voile sur des années toutes historiques pour lui; qu'il ait voulu effacer pour d'autres des pages où se lisent ses plus beaux titres à la gloire ?

Le dévergondage de l'ambition a pu seul imaginer une pareille absurdité. Ceux-là seuls qui ont osé inscrire, dans les ordonnances des 29 juillet et 15 septembre 1817, des dispositions contradictoires sur le personnel des membres

---

(1) Le ministre. Séance du 26 janvier 1818
(2) Le ministre. Séance du 6 mars 1818
(3) Voyez la pag. 16.

nouveaux, ont pu se permettre un acte qui fût le complément de ce premier abus sacrilége.

Mais pourquoi, dans le cas particulier, une décision royale? L'ordonnance du 15 septembre ne l'exigeait pas.

Plus l'injustice est absurde et révoltante, plus l'arbitraire est criant, plus ils se croient obligés de s'appuyer des plus respectables garanties.

Étrange aveuglement, qui ne leur permet pas de voir qu'ils commettent un crime pour étayer un délit; qui ne leur permet pas de voir que le nom du Prince ne couvre pas la *responsabilité du Ministre*, l'infraction évidente de la loi du recrutement; qu'il ne sauve pas l'absurdité de la violation des lois physiques, de l'anéantissement impossible des faits, de la création de ce qui ne peut exister,

Mais aveuglement nécessaire, effet moral de la justice éternelle, qui veut qu'une conscience bourrelée se trahisse tôt ou tard, et décèle, par quelque endroit, ses craintes ou ses remords.

Je viens de faire le compte de la reconnaissance; de cette vertu qui guette l'occasion de renvoyer le bienfait au bienfaiteur: considérons actuellement cette décision sous le rapport du droit politique. Examinons si elle serait aussi allarmante pour la société que pour la morale.

Déjà vous avez remarqué sans doute comme

tout se tient, comme tout se lie dans la chaîne des droits et des devoirs ; comme l'intérêt général se confond, s'infiltre dans les intérêts particuliers sous un Gouvernement représentatif.

Aussi, cette décision, qui paraît ne léser que des intérêts privés, qui jadis n'eût occupé que les intéressés, devient aujourd'hui l'affaire de tous.

Car, si de pareilles violations des droits particuliers sont tolérées, elles deviendront bientôt plus fréquentes.

» Ceux qui profitent de l'arbitraire n'y renon-
» cent pas aisément. On s'habitue beaucoup
» mieux à l'exploiter qu'à le subir (1). »

Ainsi la nation ne peut voir sans inquiétude cet arbitraire s'établir dans les bureaux, repousser les travaux, les services de ses enfants, oublier, insulter leur long dévouement, et les flétrir, autant qu'il est en eux, au milieu d'une honorable carrière.

L'armée doit craindre que la contagion d'un ambitieux égoïsme ne gagne les directions voisines, elle doit s'effrayer d'un acte qui, pour favoriser quelques individus, détruit tous les principes légaux de l'avancement, anéantit l'ancienneté, fait abstraction de *toute moralité*, de *toute instruction*, de *tous services*.

---

(1) Le ministre. Séance du 26 janvier 1819.

Elle ne peut voir, sans une prévoyante inquiétude, une section du ministère de la guerre rapporter, juger, exécuter, hériter enfin des condamnés par une espèce de *bill d'attainder*, médité dans l'obscurité d'un bureau. Si cette section triomphe, les autres ne seront-elles pas séduites par les bénéfices de l'arbitraire, et l'armée ne sera-t-elle pas exposée à le subir ?

Donc, ce qui vous fait crier victoire pourrait bien être une des causes premières de la chute de l'association dont vous vous êtes constitué le défenseur ; et il ne faut pas encore dire, avec le triumvir Lépide, *qui secus faxit, proscriptos esto* (1).

Me voilà, mon ami, jeté malgré moi dans la législation postérieure aux ordonnances et dans l'examen des actes du Gouvernement, qui devraient en être les corollaires. J'y resterai ; ma première lettre d'ailleurs me paraît suffire pour prouver que les deux ordonnances n'ont aucun trait de famille avec les lois, avec les principe même précédemment avoués.

---

(1) On assure, mais nous déclarons d'avance ne pas le croire, que le petit comité furibond, après la lecture de l'écrit intitulé : *Un mot sur l'ancien personnel de l'administration militaire*, a juré la perte de l'auteur, s'il venait à le découvrir. L'habitude a dû rendre la décision très-secrète : on ne peut donc affirmer le fait. Si on l'affirme il y a donc des transfuges dans le comité. Hélas !!!

Si donc, dans celle-ci, je prouve encore que non-seulement les ordonnances, mais les sections d'ordonnances générales, où l'on prétend fixer les droits des administrateurs militaires, sont en opposition avec la Charte, avec la loi du recrutement et ses principes ; avec les *principes du ministre*, *avec la marche générale du ministère de la guerre même ;* avec les applications *constantes* faites de cette loi et de ses conséquences à toutes les autres parties de l'armée, je pourrai sans doute conclure que ces ordonnances, et les actes qui s'y rattachent sont des tiges bâtardes, exotiques, implantées par de petits inquisiteurs dans un Gouvernement inconstitutionnel. Or rien n'est plus aisé.

Je ferai même peu de réflexions ; des rapprochements entre les réglements et les lois, entre les lois et leur application aux administrateurs militaires suffiront (1).

---

(1) J'aime à citer l'ouvrage de la *Constitution de l'administration militaire en France* Après avoir défini l'administration *une somme d'actions exercées.... pour faire exécuter les lois*, l'auteur ajoute pag. 32.

« Il suit de là qu'un État qui aurait, avec les meil-
» leures lois possibles, une mauvaise administration ne
» pourrait jamais être bien gouverné. »

Et cela est vrai ; car l'administration, comme dans le cas particulier, *ne serait plus une somme d'actions*

Il y a eu, dans le mois de juillet 1817, deux ordonnances, une sur l'armée, l'autre sur l'administration, dont la comparaison commencera à justifier ce que je viens de dire.

La première, du 2 juillet, règle l'avancement des officiers de cavalerie, et décide : que *les capitaines en activité et en non-activité*, dont la nomination était antérieure à l'ordonnance du 30 août 1815, recevraient le brevet de capitaine-

---

exercées pour faire exécuter les lois; mais pour détruire les lois.

» En effet, ou les lois ne seraient pas exécutées, et ce
» serait comme s'il n'y en avait pas. »

C'est la situation où ceux *qui exercent l'administration* dans la 4ᵉ direction du ministère de la guerre, se sont placés envers les administrateurs en demi-solde. Non-seulement il n'y a pas de lois pour eux, puisque nulle n'est exécutée; mais plus encore, toutes sont annullées par les réglements d'administration, par des spécialités, par des exceptions.

« Ou elles (les lois) le seraient mal (exécutées), et
» l'on tomberait dans l'inconvénient presque aussi grave
» de l'incertitude et de l'arbitraire. »

Nous y sommes tombés. Mais, dans ce cas, *ceux qui exercent l'administration* ne sont-ils pas des hommes ou ignorants, ou pervers? Et, pour avoir une bonne administration, ne suffit-il pas, puisque les lois sont bonnes, de changer *les manœuvres qui exercent des sommes d'actions* contraires aux lois, qu'ils *doivent faire exécuter?*

commandant, *et seraient placés concurrem-ment* (Bulletin des lois, n° 163) (1).

Quelque favorable que fût cette ordonnance à une classe d'individus, les principes au moins y sont observés. La Charte est respectée : 1° égalité devant la loi, art. 1ᵉʳ; 2° conservation des titres et honneurs, art. 69.

Eh bien! dans le même ministère, dans le bureau voisin se préparait l'ordonnance du 29 du même mois. Elle supprime deux corps, dont l'un contre le texte de l'art. 68 de la Charte; elle exclut une majorité nombreuse, elle ne lui laisse que des dénominations, des signes *proscrits par elle-même*, elle viole ouvertement l'art. 69 de la Charte; elle classe cette majorité hors de la législation commune, et blesse l'article premier du pacte social, l'égalité devant la loi (1).

Aussi fut-elle *tenue rigoureusement au secret*, jusqu'au moment où, mariée à l'ordonnance du 15 septembre, elle put décemment paraître embellie, soutenue par la famille qu'elle avait pro-

---

(1) Il est donc possible de revenir *sans réaction sur un acte inique*. Il n'en est heureusement pas de l'équité comme de l'honneur, que l'on ne peut ressaisir après l'avoir abandonné.

(2) Voyez la première lettre, particulièrement pag. 20 et 21.

duite, dans les humiliants efforts d'un ténébreux enfantement. Cette clandestinité, commune au conseil des dix, à l'inquisition, aux exécutions du sérail, ne doit pas se perdre de vue. Ici père inconnu.

« Le 25 août 1817, Sa Majesté désirant donner
» une preuve *de sa sollicitude et de sa bienveil-*
» *lance* aux officiers qui n'ont pas encore pu
» être compris dans la formation de l'armée, »
institue *des cadres de remplacement* à la suite des régiments, *rattache les officiers en non-activité aux légions de leur département* (Bulletin des lois n° 165).

Huit jours auparavant le corps administrant avait été *secrètement supprimé* sans cadre, sans témoignage *de la sollicitude, de la bienveillance du Roi*.

Une ligne odieuse de démarcation y traçait; *par exception*, une séparation humiliante, illégale entre ceux qui seraient à la non-activité, et ceux qui seraient élus.

Quel crime avaient donc commis ces administrateurs ? Ils avaient servi avec zèle, dévouement deux ans de plus que les officiers qui recevaient d'aussi flatteurs témoignages de la sollicitude paternelle du Roi.

Le 22 octobre, même année, *la réorganisation* du corps des ingénieurs-géographes fut

ordonnée. « Considérant que ce corps n'a pas été
» compris dans *la mesure générale du licencie-*
» *ment de l'armée ordonné en* 1815, et qu'il n'a
» pas encore été réorganisé depuis cette époque.

» Considérant.... qu'il doit subir *les réduc-*
» *tions apportées dans l'organisation de tous*
» *les corps de l'armée.* »

Ici tout est naturel, point d'arrière pensée, c'est l'exécution continuée *d'une mesure géné-rale.* Point de mesure d'exception. On est convaincu que les rédacteurs ne sont mus par aucun intérêt particulier. S'il y a *réduction*, c'est une conséquence des *réductions apportées dans l'organisation de tous les corps de l'armée.* Point de suppression illégale, point d'arbitraire, point d'exclusion offensante ; l'intérêt général a dicté l'ordonnance, l'équité l'exécute ; l'intérêt particulier souffre mais il se tait (1).

---

(1) Il en serait de même pour l'administration. Soyez justes, et les réclamations sans base ne seront plus que du clabaudage de cotteries. En vain l'on dira que le grand nombre des réclamants est un obstacle à la mesure que l'on sollicite. Je répondrai avec le ministre : « La morale et la justice sont *seuls* supérieurs à tous les » pouvoirs humains. »

Que ces deux fondements de l'ordre social s'aperçoivent évidemment dans votre ouvrage, et les voix rebelles, étouffées par un concert de louanges et par les

C'est dans le même esprit que sont rédigées les ordonnances du 17 décembre même année sur la réduction des corps royaux de l'artillerie et du génie. Elles ont même un air de malaise amical, qui témoigne la répugnance des rédacteurs à faire une œuvre qui devenait désavantageuse à un petit nombre des leurs. Les articles 2 de l'une, et 9 de l'autre laissent entrevoir que la solde d'expectative ne durera qu'un an.

Dans ces trois corps, comme dans l'administration, des études préliminaires sont indispensables ; l'expérience est d'un grand poids, la moralité est d'une haute importance.

« On ne peut nier sans doute que des hommes, *qui ont pratiqué long-temps les mêmes travaux*, n'y soient plus propres que *de nouveaux-venus*. Il y a donc pour l'État *grand avantage* à les y retenir tant qu'ils en sont capables (1). »

Ces paroles du ministre dominent déjà les trois ordonnances, l'esprit du chef s'y fait sentir, le *grand avantage* de l'Etat n'y est point oublié.

---

acclamations de la nation satisfaite, ne seront point entendues.

Le principe est posé par la loi de recrutement: que les Nestors de l'armée et de l'administration en fassent l'application.

(1) Séance du 6 mars 1818. (Le Ministre de la guerre.)

Mais dans celles sur l'administration on ne voit qu'un but, celui de cumuler sur le corps *nouveau* toutes les prérogatives qui peuvent flatter une ambition irréfléchie, donner cette considération factice qui tournait la tête du bon baudet aux reliques (1). On marche au but tête levée, tant pis pour ceux que l'on écrase. Qu'importent les droits que l'on foule aux pieds ? qu'a-t-on à faire des doctrines ministérielles, si l'on jouit d'un crédit tout-puissant ? Qu'est-ce que le *grand avantage* de l'Etat auprès d'un intérêt particulier qu'on peut régler à fantaisie ?

Il est à remarquer que toute l'administration (2) marche dans ce sens inverse de l'esprit constitutionnel : que tout y est droit suzerain

---

(1) Voyez dans la première lettre, la note de la p. 13 sur la *considération*. Nous pourrions aujourd'hui motiver cette note, car il nous est revenu quelque chose d'une conversation entre plusieurs intendants. Un procès jugé administrativement donna lieu, entre la poire et le fromage, à de singulières réflexions sur la considération.

(2) Sous ce mot nous ne comprenons que la partie des bureaux qui s'occupe du matériel et du personnel de l'administration proprement dite. Nous nous plaisons au contraire à rendre justice au bon esprit, aux vues constitutionnelles et sages des directeurs, qui, pénétrés des sentiments du Ministre, s'empressent de les répandre au-dehors et de les cultiver dans leurs bureaux.

ou vasselage, que partout les uns commandent baguette haute, et que les autres rampent, ou doivent ramper.

C'est une série d'exception, une mare placée dans un riant jardin.

Pour vous en convaincre, parcourez le réglement du 30 décembre 1817, organique de la direction générale des subsistances.

« le directeur général pourra prononcer la
» suspension, la destitution, ou la révocation
» de *tous* les employés à sa nomination. »

Suivez la chaîne et vous verrez qu'il ne sera mu que par ses sous-ordres, qui lui proposeront et *les nominations*, et *les destitutions* (1).

---

(1) Tout ce réglement paraît conçu d'après ce principe, déduit avec peine d'une *idée mère*. « L'adminis-
» tration diffère de la gestion, comme la tête diffère du
» bras, ou comme le bras diffère de l'instrument qu'il
» met en mouvement. » (De la constitution de l'administration militaire en France, p. vj.)

Les corollaires sont : « Le gérant *subit l'action* du pouvoir administrant. »

« L'administrateur est *moralement* responsable des actions qu'il a commandées. »

« Le gérant est *matériellement* comptable des opérations qu'il a faites » (p. 55).

D'où il suit que la tête qui commande le bras, que le bras qui conduit le couteau n'est que moralement coupable; que le couteau l'est bien davantage.

Jetez un coup-d'œil rapide sur le réglement du 2 février 1818, vous le trouverez également entaché de cet *arbitraire mobile*, si vivement réprouvé, si violemment combattu par le chef du département de la guerre. Si à l'œuvre on connaît l'artisan, peut-on douter que les rédacteurs ne soient ceux qui, dans ses malheurs, ont insulté la Patrie, bravé ses ordres, persécuté ses plus dévoués défenseurs; ceux qui, avec la coalition européenne, ont prononcé contre la France le *væ victis* (1) ?

Ne remarquez-vous pas que cette uniformité de combinaisons dans l'administration et la gestion ne peut être l'effet du hasard ? N'aurait-on

---

Il y a nombre de personnes qui assurent que cette théorie est mise en pratique parmi ceux qui *exercent* aujourd'hui l'administration : qu'une admonition y lave toutes les fautes, voir même les délits, s'il y a lieu. Car *il faut*, dit-on, *conserver au corps sa considération.*

On pourrait se régaler, p. 48, 49, 91, de quelques autres corollaires également dignes de remarque. On y apprendrait, p. ex, que les officiers de santé doivent se classer parmi les hommes de peine, les bûcherons, les charretiers, etc.

(1) Celui qui a, dit-on, prononcé ce mot contre des Français, avait sûrement renoncé à la France. L'on assure cependant qu'il est aujourd'hui dans les rangs des élus du 15 septembre 1817. Et le Ministre n'aurait pas été trompé !

pas voulu tracer autour du ministre une ligne de circonvallation, et fermer tout accès à la juste plainte, à l'austère vérité? Toutes les communications sont en effet surveillées par des hommes dévoués, et l'arrière-garde des faiseurs est pelotonnée au point principal. Voilà sans doute ce que l'on appelle *influence*.

Je me hâte d'arriver à la loi du recrutement, 10 mars 1818. Elle mérite toute notre attention, puisqu'elle doit être le type, le moule, d'où doivent sortir désormais toutes les ordonnauces sur l'organisation de l'armée. Examinons-en donc avec soin les dispositions principales.

Art. 2. «......Sont exclus, et ne pourront, à
» aucun titre, servir dans les troupes fran-
» çaises, les repris de justice, les vaga-
» bonds, les gens sans aveu, déclarés tels par
» jugement. »

Le noble devoir de défendre la patrie devient enfin un droit. Il en fut ainsi partout où la liberté planta ses drapeaux. A Rome, le citoyen seul portait les armes. Les affranchis, les *capite censi* même, bien que citoyens, ne furent admis dans les rangs que dans des moments difficiles. Ils n'avaient ni ssez de biens, ni assez de *moralité*, pour prendre intérêt à la conservation de l'Etat.

Et, sans sortir de notre histoire, Charlemagne

ne fit-il pas régler, dans une assemblée de la nation, que tout homme, ayant une possession moindre d'un demi-manoir (6 arpents anciens), serait exempt de tout service et de toute charge militaire (1).

Cependant, si l'on peut ajouter foi aux causeries de société, il existerait parmi les membres de l'intendance, épurés, et clandestinement élus en 1817, des hommes cités devant les tribunaux, et que l'opinion paraîtrait n'avoir pas absous.

Ils ne sont pas soldats, dira-t-on, puisqu'ils ont rang d'officiers supérieurs; et le plus honnête homme peut paraître en justice. Oui; mais il est des causes, il est des faits, qui blessent la délicatesse des corps, qui font trace sur les individus. Et nous avions cru que l'élévation des mœurs et des sentiments devait se graduer sur l'élévation du rang; la *délicatesse des corps sur la nature de leurs fonctions*. Si nous nous trompons, c'est avec la loi qui nous paraît l'exiger.

On dit également qu'il existe parmi eux des individus qui, sans ordre, sans attache, sont passés des armées françaises dans des armées mixtes, qui ont cru fixer la fortune, en restant, aux jours du danger, dans des rangs devenus

---

(1) Mably, Observations sur l'histoire de France, p. 244; remarques et preuves; p. 441.

ennemis, qui, malgré l'exemple de leurs chefs, de leurs camarades, ont servi contre la patrie, dans le moment où elle appelait à sa défense tous ses enfants; qui ont servi contre elle, non pas en Coriolans qui ont des injures à venger, mais en Verrès avides, qui n'ont de patrie que l'or; en mercenaires stipendiés, qui se sont fait un principe de ce honteux adage, *ubi benè, ibi patria* (1).

---

(1) Ceux que l'opinion accuse d'avoir, dans un comité ténébreux, rédigé l'ordonnance du 15 septembre 1817, n'avaient sûrement pas lu, ou avaient oublié cette phrase de la *Constitution de l'administration militaire en France*, pag. 87.

« Cette condition (une sévère attention dans le choix
» des personnes appelées à recevoir la délégation du
» mandat ministériel), cette condition est de rigueur;
» car où serait l'indépendance honorée, quand celui
» destiné à en user ne saurait pas la rendre honorable.
» Car la considération n'est que l'estime manifestée. »
(Même ouvrage, pag. 61.)

Cette condition serait-elle appliquée à celui qui recevrait une pension de l'étranger comme récompense de ses services contre la France?

A celui qui aurait, comme ennemi de la France, signé des actes authentiques?

A celui qui serait entaché par l'opinion d'être parvenu par des moyens vils, par de lâches dénonciations?

A celui qui aurait été stygmatisé par un ou plusieurs journaux pour des actions soit odieuses, soit déshonorantes?

Si le fait est vrai, leur confier la fortune de l'État, et, pour leur donner des emplois, réduire à la misère d'anciens serviteurs qui ont fait preuve du plus entier dévouement, dont les besoins actuels attestent la longue probité, n'a pu être qu'une surprise faite même à la fatale exagération de 1815. Mais ne pas la réparer.......(1)!!!

Faut-il donc tant de vigueur pour rendre des enfants à la patrie, pour éloigner ceux qui, dans ses malheurs, lui ont déchiré le sein, se sont avidement jetés sur ses sanglantes dépouilles?

« Le Roi ne veut pas, nous a-t-on dit, qu'il
« existe en France un seul sentiment généreux
» dont il ne fasse la conquête (2) »

A celui...........? Je m'arrête: ceci doit suffire pour éveiller, s'il y a lieu, la délicatesse engourdie, soit par la crainte, soit par tout autre motif.

(1) On assure que le colonel d'une légion, le comte de S....., vient d'être remplacé parce qu'il était un colonel improvisé en 1815. Si la balance de la justice doit un jour être égale, ce dont on ne peut douter raisonnablement avec le ministre actuel, les intendants et les sous-intendants improvisés à la même époque ne doivent-ils pas craindre un sort pareil?

(2) Le ministre de la guerre. (Séance du 26 janvier 1818.)

Serait-ce parce que l'on sait qu'il n'y a point de conquêtes à faire parmi les administrateurs en demi-solde? Serait-ce parce que l'on est assuré de leur dévouement au Roi et à la Patrie, qu'on leur préfère des hommes à conquérir peut-être encore?

« Nos soldats ont beaucoup expié, car ils ont » beaucoup souffert; qui donc s'obstinerait à » les repousser encore? (1) »

Mais ces administrateurs en demi-solde, compagnons constants des peines, des travaux de cette vieille armée, fiers surtout d'avoir été associés à sa gloire, *ont également beaucoup expié, car ils ont beaucoup souffert; qui donc s'obstinerait à les repousser encore?*

« Une loi est *seule* au-dessus de toute volonté individuelle (2). »

Pourquoi donc dans le ministère de la guerre, quelques *hommes nouveaux* dominent-ils la loi?

Mais à côté d'eux l'on remarque avec satisfaction d'anciens fonctionnaires, d'anciens magistrats dont la soumission aux lois, le dévouement à la patrie n'ont jamais chancelé.

---

(1) Le ministre de la guerre (Séance du 26 janvier 1818).
(2) *Ibidem.*

Et si l'on assure que l'on peut adresser à quelques-uns ces mots de Jocaste à Étéocle :

« Quelles traces de sang vois-je sur vos habits ?
» Est-ce du sang d'un frère ? »

l'on peut aussi reposer doucement sa vue sur des hommes vertueux dont la vie entière fut consacrée à l'humanité, qui, dans l'irritation des dégoûts d'un service continuel et pénible aux armées, n'ont jamais rencontré que des amis à secourir, des besoins à soulager, des infortunés à consoler.

On assure enfin qu'il s'y trouve des individus qui ont fait métier de la dénonciation, calculé les lucres de l'oppression, mérité ce que l'Anglais appelle le *prix du sang*; qui, hébraïsant au milieu de leurs frères, ont sacrifié à l'ancienne loi, étouffé la voix de l'honneur, si puissante chez les Français, outragé la loi naturelle, la loi divine, qui nous crient de concert : *ne fais pas à autrui ce que tu ne veux pas qui te soit fait.*

Et c'est de cette aggrégation disparate, dont les éléments se repoussent, que l'on attend l'uniformité dans l'exécution des lois; c'est de tels administrateurs, enfantés dans les ténèbres par l'arbitraire, que l'on espère la soumission à l'*égalité légale ;* c'est sur eux que l'on croit fonder le règne de la justice.

Vain espoir: jusqu'ici, grâces à leurs efforts, ce n'est pas pour l'administration que le ministre a dit :

« Cette formation d'une armée nouvelle, messieurs, un principe est nécessaire à son succès, c'est la justice; une justice *évidente*, et que tous officiers et soldats regardent comme assurée. »

Cette justice que le ministre réclamait si vivement, il l'a obtenue pour l'armée; l'armée en jouit, d'abord par la loi de recrutement, et enfin par les ordonnances qui en ont été la conséquence.

Voyez, tit. II, *des appels*, combien de précautions sont prises pour conserver aux jeunes Français les droits que la Charte leur garantit. Remarquez dans le paragraphe 4 ce respect pour l'égalité légale, qui rend commune à tous les cultes l'exemption pronocée en faveur des jeunes gens qui se destinent à l'état ecclésiastique.

Avez-vous aperçu cette base du Gouvernement constitutionnel dans les ordonnances de juillet et septembre 1817; dans la décision du 16 septembre 1818? Non. Mais on y trouve dans les mêmes hommes l'exagération des contrastes, autrefois *nivellement*, aujourd'hui *despotisme*.

Art. 28. « Il règle l'avancement un tiers au au choix, deux tiers à l'ancienneté. »

Art. 29. « Nul ne pourra être promu à un
» grade, ou emploi supérieur, s'il n'a servi quatre
» ans dans le grade ou emploi immédiatement
» inférieur.

« Il ne pourra être dérogé à cette règle qu'à
» la guerre, pour des besoins extraordinaires,
» ou pour des actions d'éclat mises à l'ordre
» du jour. »

Art. 30. « Les règles de l'avancement seront
» déterminées *sur ces bases* par un réglement
» d'administration publique inséré au Bulletin
» des lois. »

Mais, malgré la puissance et la précision de la loi, malgré les vœux du ministre, l'armée seule jouit de cette *justice évidente* accordée *à tous*, et elle n'est toujours qu'une belle fiction pour les administrateurs soit en activité, soit en demi-solde.

Avant de passer au réglement annoncé par l'art. 30, et de prouver par son examen la vérité de cette assertion, il ne sera peut-être pas hors de propos de parcourir quelques ordonnances intermédiaires, d'y suivre le développement donné à l'esprit de la loi dans les diverses directions; j'y trouverai probablement l'occasion de vous convaincre de ce que j'ai dit plus haut, que l'une d'elles s'est mise en opposition *avec la marche générale du ministère de la guerre même*, et sûrement quelques applications à faire à l'objet qui nous occupe (1).

Les premières qui se présentent sont les ordonnances des 13 mai 1818 portant réglement sur le service intérieur, la police et la discipline des troupes à cheval, et des corps d'infanterie. Nous y retrouverons les principes que la 4me direction repousse : il me suffira de vous en citer quelques articles pour vous convaincre qu'elles sont rédigées, et dans l'esprit de la loi, et d'après les principes du ministre.

« Sa Majesté considérant qu'il est du bien de

---

(1) On ne peut douter que les ordonnances ne soient la pierre de touche qui donne la valeur administrative d'un ministre. Elles doivent mettre en évidence ses principes, ses connaissances, sa sagacité à saisir l'esprit des lois; c'est en effet sur ces actes publics que l'opinion est appelée à prononcer, à le juger, et non sur ce qui se passe dans l'obscurité des bureaux. Mais, si une section *seule* de son ministère se met en opposition avec les lois; si elle dévie *seule* des principes professés dans les chambres par le ministre, de ceux suivis par toutes les autres sections, pourra-t-on attribuer au ministre ces écarts intéressés? ou devra-t-on dire que cette section le trompe? La réponse n'est pas douteuse. La masse est entraînée par l'esprit du chef; la cotterie par l'ingrate impulsion de ses intérêts particuliers.

» son service que ses troupes soient assujetties...
» par des réglements qui..... ne permettant pas
» que *rien soit arbitraire et indéterminé*....... »

Art. 38. « Sont réputées fautes contre la disci-
» pline et punies comme telles, suivant leur
» gravité, tout mauvais propos, toute voie de
» fait envers un subordonné, *toute punition in-
» juste* (1). »

Ainsi se réalisent les paroles du ministre :
« L'honneur français sera respecté, la dignité de
» l'homme ne sera pas méconnue ».

Honneur aux chefs qui limitent ainsi leur pouvoir, pour lui donner plus de force. Honneur aux hommes qui ont entendu la voix du ministre, et su fondre ces sentiments dans l'ordonnance qu'ils ont rédigée.

« Sa majesté entend que la subordination soit
» graduelle, et que la stricte exécution de ses
» règles, *en écartant l'arbitraire, maintienne
» chacun dans ses droits et dans ses devoirs*....
» que la même obéissance ait lieu *envers le*

---

(1) Si une punition injuste est une faute, quel nom donner à une série d'actions qui, depuis la commission d'épuration jusqu'à ce jour, maintiennent les persécutions, offensent la Charte, blessent la justice; qui terniraient, si l'opinion n'était plus forte que leur audace, une vie glorieuse; qui osent, pour se dérober aux regards, s'abriter irréligieusement de la majesté royale.

» *plus ancien*, de la part de ceux qui seraient
» moins anciens, comme si ce premier *avait le*
» *grade supérieur au leur* (1). »

C'est cette justice distributive qui rappelle au soldat qu'il est citoyen qu'il a une patrie dont les lois veillent sur lui; c'est elle qui élève son âme, exalte ses sentiments généreux, lui donne de l'estime pour lui, de l'enthousiasme pour sa noble profession.

C'est en respectant *l'ancienneté*, *d'abord comme droit*, que l'on conservera cette tradition d'honneur, vive et puissante, cet esprit de corps, qui rendent une troupe ou invincible, ou lui font soutenir par les plus étonnants efforts la gloire de son drapeau.

Otez ces ressorts, la masse reste; mais le corps disparaît.

---

(1) C'est ici l'un des buts de la *décision royale*. Favorisés par l'ordonnance du 15 septembre, les élèves commandent leurs anciens chefs, leur *dessillent les yeux*, leur *apprennent à voir*; et cette supériorité absurde se fait sentir par un ton rogue, un air distrait, des préoccupations factices et toute les manières du vieil orgueil d'antichambre. N'était-ce donc pas assez de l'injustice du fait, sans y ajouter l'*humiliation* des manières dédaigneuses?

Le parvenu agit ainsi. Il est surpris, enivré des dons d'une fortune inespérée.

L'homme que ses actions élèvent graduellement, reste modeste.

Et ces ressorts puissants nous les avons vainement cherchés dans l'intendance.

Ils y sont remplacés par des divergences morales, qui repoussent l'union.

Par l'arbitraire qui en bannit la justice.

Par l'oubli des droits, qui fait du devoir un joug pesant.

Par l'exclusion de l'ancienneté qui, honteuse, doit s'arrêter sous les fourches caudines des classes, en expiation de ses longs et utiles services.

Le sort de l'intendance paraît être d'offrir une bigarrure constante, et dans les hommes, et dans les choses; d'être en opposition habituelle avec ce qu'il y a de libéral et de français dans les dispositions légales et réglementaires.

Passons à l'ordonnance du 16 mai 1818, sur la formation du corps royal d'Etat-Major. Ici, les rapprochements sont plus intéressants, puisque les corps dits *supprimés* faisaient partie de l'Etat-Major, et que le corps nouveau a déclaré en faire partie (1).

Remarquons d'abord, art. 2, « que le nombre
» des officiers n'est point proportionné à celui
» des généraux (ou des emplois), mais ana-

___
(1) Art. 11 de l'Ordonnance du 29 juillet 1817.

« logue aux besoins ordinaires et éventuels du
» service. »

Art. 3. « Qu'outre le nombre de 545 officiers,
» il y a encore pour le *complet de guerre*, une
» réserve en activité dans les régiments, sous le
» nom de lieutenants aide-majors. »

Malgré l'analogie, rien de pareil pour l'intendance; point d'éventualité, point de réserve.

L'art. 4 établit une école. Pour l'intendance, point d'école, mais de la fortune.

Veuillez remarquer en passant que cette condition est un nouveau moyen de nuire aux victimes. C'est poursuivre les pères dans leurs enfants; car la plupart des vétérans de l'administration n'ont point de fortune à laisser aux leurs.

Les art. 6 et 7 constatent la nécessité des quatre ans de fonctions du grade inférieur pour arriver au grade supérieur.

Les *nouveaux venus* de l'intendance se sont encore, dans ce cas, placés au-desus de la loi (1).

---

(1) Voyez l'Ordonnance du 2 août 1818, art. 233, paragr. 2 et 3, art. 234, 235, et particulièrement art. 285 et 286. Ils offriront, lorsque nous examinerons cette ordonnance, des preuves irrécusables de la vérité de notre assertion.

L'art. 9 soumet les aides-majors à des examens de théorie et d'application, dont il est rendu compte au ministre de la guerre, qui s'assure ainsi de leur instruction, de leurs progrès. Pour n'en par ralentir la marche, l'art. 10 leur refuse pendant quatre ans les congés de semestre.

Les art. suivants règlent les droits de l'ancienneté.

L'entrée est ici difficile et ardue. Les *talents*, l'*ancienneté*, la *moralité* peuvent seuls pénétrer dans l'enceinte.

Mais dans l'intendance, la fortune vous ouvre la porte ; adjoint, on commence sa carrière par un grade où beaucoup d'officiers la terminent ; on y est au début chef de bataillon, si l'on a 2000 fr. de rentes en biens fonds : l'on jouit ainsi de priviléges contraires à la Charte, inconnus dans l'organisation militaire. C'est un commencement d'aristocratie dont le voisinage peut devenir dangereux.

L'art. 18 conserve aux officiers d'état-major en *non-activité leur rang, et leur avancement dans les corps, dont ils ne cessent point de faire partie.*

Plus de corps pour les administrateurs qui ne font point partie de l'intendance. Les noms, les uniformes qu'on leur conserve sont bannis de la législation commune ; il ne leur reste ni rang ni titre, ni avancement probable (1).

---

(1) Il vient de paraître un ouvrage, les *Propositions d'administration militaire*, qui est le résumé de la doctrine de la nouvelle école, et qui contient des aveux précieux dans les circonstances. Pag. vj. « Il est encore » un grand nombre de fonctionnaires distingués, qui » semblent rester dans une catégorie d'*exception* et d'é-» loignement *sans retour.* » Voilà le but.

Pag. vij. « De fonctionnaires recommandables à l'envi » par leur résignation. » Avis à ceux qui se plaignent.

« C'est une *chose forcée* que s'occuper de leur sort. » La justice du ministre agit.

« Une chose *raisonnable* que de les *rappeler à l'exi-» stence.* » *Raisonnable* est bien doux ; je m'empare de l'aveu *rappeler à l'existence ;* Vous les aviez donc...

« Et une chose *juste* que d'y mettre *encore* un prix. » Enfin le mot est arraché par la force des choses : c'est une *chose juste*, qui est à faire. *Encore* est précieux, combien d'arrières pensées il annonce.

Aussi, malgré la houlette et le hoqueton, le cri de la passion se fait-il entendre. Il faut, *encore par exception,* faire dormir les anciens administrateurs à côté de la jeune intendance, qui au jour du danger les éveillera par ses cris d'allarmes. (Voyez la page 76).

Moins d'intérêt, messieurs, pour l'*infortune*, et plus de justice. Si l'ordonnance du 22 juillet ne reconnaît qu'un cadre pour les officiers généraux, pourquoi en créer deux *spéciaux* pour l'administration (pag. 137).

Pourquoi l'officier général employé à la réserve serait-il disponible pour tous les emplois de l'armée, tandis que

Art. 20. Ceux qui y seraient introduits par *la force des circonstances* n'y prendront point rang.

La force des circonstances a introduit dans l'administration des *nouveaux venus*. La situation difficile dans laquelle s'est trouvé le ministre, en prenant le porte-feuille de la guerre, l'a contraint à conserver le *statu quo*, à signer une ordonnance qu'il a constamment déclarée, verbalement, et par écrit ne pas reconnaître (1); et cependant non-seulement ces hommes y ont pris rang, mais ils ont su écarter toute concurrence, exclure ceux qui les ont instruits.

Les art. 41 et 42 fondent évidemment les droits des candidats pour la première formation sur *l'ancienneté*, *la moralité* et *l'instruction*; et il est constant que pour les emplois soumis à

---

l'intendant y serait casé *par expectative* (pag. 86). Est-ce par habitude ou par haine pour la Charte que vous vous hérissez ainsi de priviléges?

En consentant à nous donner le titre d'intendants, loin de nous rapprocher de vous, vous élevez un mur d'airain entre les uns et les autres. Confiez-nous les motifs de ces précautions, ou soyez conséquents en nous donnant titres égaux, droits égaux. Alors seulement, nous ne resterons pas dans une catégorie d'exception et d'éloignement sans retour.

(1) Voyez la première lettre, pag. 8 et 9.

l'examen l'ancienneté a été déterminante à mérite égal.

Relisez les ordonnances de juillet et de septembre ; comparez, puis ensuite osez les défendre.

Peut-il en effet vous rester un doute sur leur opposition avec la législation antérieure et postérieure ? Le contraste de la marche générale du ministère et de la marche *spéciale* de la 4me direction n'est-il pas frappant (1) ? N'y a-t-il pas une violation éclatante de la loi du recrutement, 10 mars 1818, de toutes les ordonnances que nous venons d'examiner ; une déviation monstrueuse des principes qu'elles consacrent dans la décision, que l'intérêt de la 4me direction

---

(1) Elle a voulu cette fois éviter aux lecteurs des ordonnances jusqu'à l'indécision sur ses projets. Car on lit dans celle du 2 août 1818 les articles suivants.

Dispositions *particulières* pour la maison du Roi.

Dispositions *particulières* pour la garde royale.

Dispositions *particulières* pour la gendarmerie royale,

Dispositions *particulières* pour la cavalerie.......... à l'arme de l'artillerie...... à l'arme du génie...... au train des équipages..... aux officiers du corps royal d'État-Major..... au corps royal des ingénieurs géographes.

Mais, quand il s'agit des intendants militaires, on lit, Dispositions *spéciales* relatives au corps des intendants militaires.

a dictée, et a fait signer le 16 septembre même année.

Et si ces mêmes contrastes, ces mêmes violations, ces mêmes déviations se trouvent dans l'ordonnance du 2 août 1818, mais seulement dans les articles rédigés par la 4.me direction, aurai-je eu tort de dire qu'*elle s'est mise en opposition avec la marche générale du ministère de la guerre même.*

Il faut bien convenir que ces différences sont incompatibles avec le texte de la Charte, qu'elles classent l'intendance hors de l'action des lois, hors de la législation de l'armée, qu'elles ne sont point en harmonie avec les principes d'un ministre dont la vie entière a été consacrée à la défense de la patrie, des principes et des lois, et qui, dans la séance du 26 janvier précédent, avait dit :

« Messieurs, quand les Français n'avaient ni
» les mêmes droits ni les mêmes devoirs, il a
» pu être nécessaire d'avoir *un corps privilégié;*
» mais l'égale répartition des charges publiques
» nous dispense de recourir, pour satisfaire aux
» besoins publics, à *ces funestes moyens.* »

C'est, je pense, assez nous traîner sur des chardons. Vous devez, mon ami, avoir, ainsi que moi, besoin de reposer votre cœur et votre imagination affectés sûrement l'un et l'autre des maux qui pèsent injustement sur une portion de vos concitoyens, de vos anciens collègues, de vos devanciers, effrayés sans doute, de ceux dont les menace la progression toujours croissante des mesures d'exceptions. Puissions-nous les voir bientôt disparaître de la législation militaire, et avec elles toutes les semences de divisions, d'opposition qu'elles font germer. C'est l'espoir que tous les amis de l'ordre et de la Charte fondent sur la justice du ministre, qui, pour être lente, n'en est pas moins assurée.

Sentirez-vous enfin que continuer à me l'opposer, comme le protecteur de toutes les iniquités dont je viens de dérouler le tableau, et de celles que je me propose de vous mettre encore sous les yeux, serait lui faire une grave injure; qu'il n'est pas loyal de mettre en contradiction avec ce qui est réellement lui, avec ses discours publics, avec ses conversations, avec ses promesses, avec sa vie entière, des actes évidemment surpris à sa confiance; des actes que l'homme de bien n'a pu soupçonner de trahir sa pensée.

« Occupés de la discussion des Chambres, les
» ministres accablés de détails, surchargés de
» signatures, placés par là même *sous l'influence*
» *de leurs bureaux*, les ministres peuvent-ils
» s'élever assez haut pour dominer l'ensemble de

» leur administration, et en apercevoir les
» abus. (M. Labourdonnaye sur le budget.) »

Est-il si facile en effet de descendre rapidement de la contemplation réfléchie des masses à l'inspection minutieuse des détails, et la foule d'intérêts anciens et nouveaux que l'intrigue a, depuis quelques années, agglomérés, confondus dans le ministère de la guerre, ne rend-elle pas plus difficile encore la position du chef de ce département ?

Je vous laisse à vos réflexions. Cette lettre contient matière abondante ; elle m'a rappelé un douloureux souvenir, un mot terrible d'un géral rempli de talents, des mœurs les plus douces, d'une amabilité peu commune. « Si mon père
« était un obstacle à mon ambition je n'hésite-
« rais pas à le sacrifier. »

Puisse le ciel préserver vous et moi de cette passion atroce.

VALE.

www.ingramcontent.com/pod-product-compliance
Lightning Source LLC
Chambersburg PA
CBHW061004050426
42453CB00009B/1244